수학 그림동화

즐거운
이사 놀이

안노 미쓰마사 글·그림／박정선 옮김

김성기 감수

 비룡소

먼저, 이 책을 끝까지 넘겨 보세요.
이 책은 어떤 책인 것 같아요?

아래에 있는 어린이들 머리 위에
바둑알을 하나씩 놓고
그 바둑알을 세어 보세요.
바둑알은 나중에 꼭 도움이 될 겁니다.
바둑알은 몇 개인가요?
어린이는 몇 명인가요?
어린이들한테는 아직 이름이 없으니까, 여러분이 지어 주세요.
10명의 어린이들은
왼쪽에 있는 ⬆집에 살고 있었는데,
옆집인 ⬇집으로 이사를 가게 되었습니다.
어린이들은 1명씩 차례로 이사를 했습니다.
그러니까 페이지를 1장씩 넘기면
⬆집에는 1명씩 줄어들고
⬇집에는 1명씩 늘어나게 됩니다.

⌂집의 안을 보고 있을 때, 옆집 ⊟집의 안은 보이지 않습니다.
하지만 ⌂집에 있는 어린이의 머리에 바둑알을 얹고
10개의 바둑알 중에서 남은 바둑알을 세어 보면
⊟집에 몇 명이 있는지 알 수 있습니다.
익숙해지면 ⌂집에 있는 어린이들을 세기만 해도,
⊟집에 몇 명이 있는지 알아맞힐 수 있겠죠.
⊟집에 남자 아이가 몇 명 있는지, 여자 아이가 몇 명 있는지,
그것도 알 수 있습니다.
자세히 보면, 누가 몇 번째로 이사를 갔는지도 알 수 있지요.
이사가 다 끝나고 ⌂집에 1명도 남아 있지 않을 때,
반대쪽에서 차례로 페이지를 넘기면
이번에는 거꾸로 ⊟집에서 ⌂집으로
다시 이사를 하게 되지요.

이 책을 여러 번 보세요. 그러면 집 안에 어린이가 몇 명 있는지,
안 보고도 금방 알 수 있게 될 테니까요.

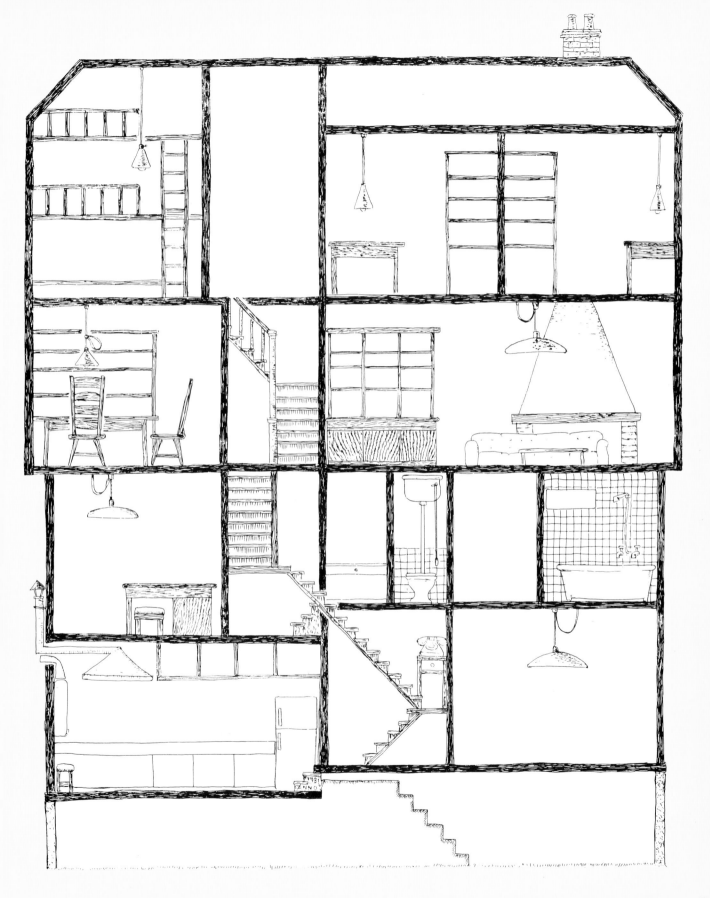

12

19

ANNO
1981

32

33

ANNO
1981

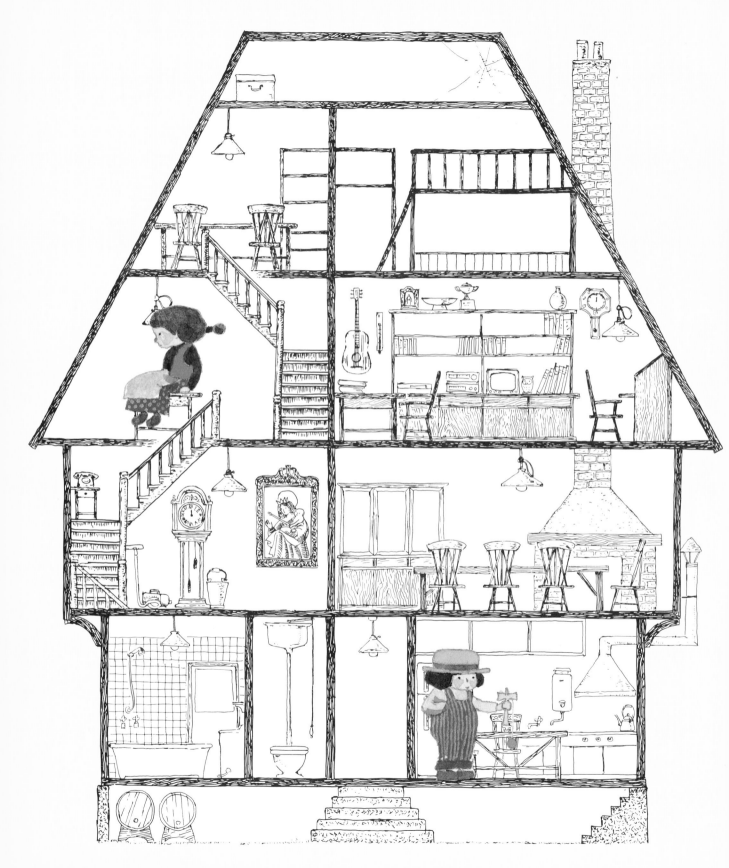

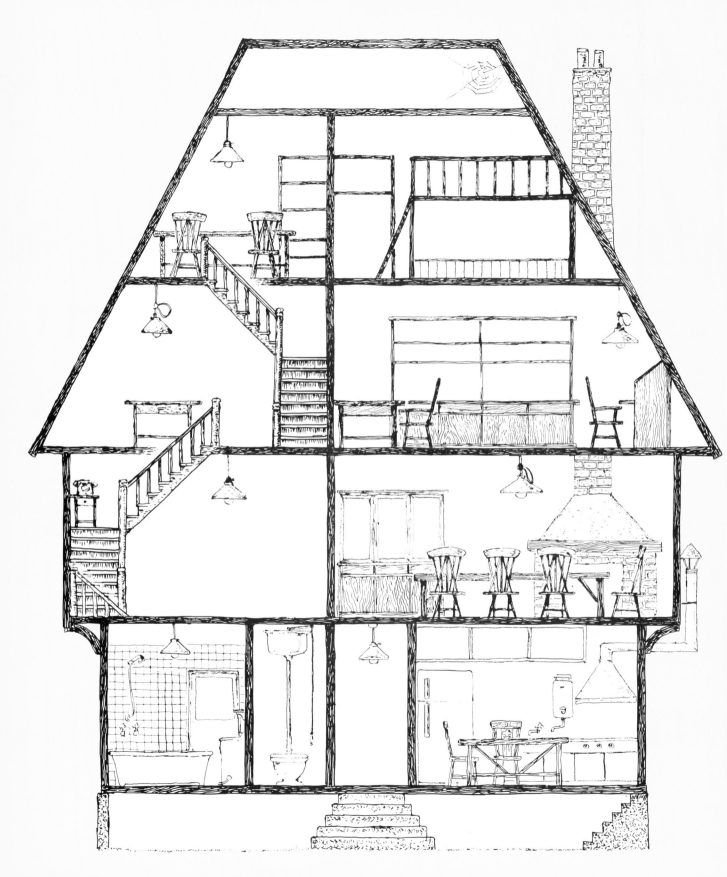

47

■ 해설

초등 학교에 들어가기 전에, 10까지 셀 수 있게 해 두는 것이 좋다고들 합니다. 또 1천이나 1만까지 외울 수 있는 어린이가 천재 취급을 받는 경우도 있습니다. 하지만 외우는 것만으로는 큰 의미가 없습니다.

1, 2, 3, 4와 같은 숫자의 순서나 그 숫자가 나타내는 크기의 관계를 감각적으로도 이해하는 것이 중요합니다.

여기서는 1에서 10까지의 숫자를 10명의 어린이를 예로 들어 생각해 보기로 했습니다.

모두 10명이니까, 왼쪽에 3명이 있으면 오른쪽에는 안 보고도 7명이 있다는 것을 알 수 있습니다.

이것은 10이 3과 7로 나누어진다

　　　　3과 7로 10을 만들 수 있다

　　　　10에서 3을 빼면 7이 된다

는 말입니다.

또 7명이 있다고 생각되는 집의 창문으로 2명이 보일 경우, 눈에 보이지는 않지만 집 안에는 5명의 어린이가 더 있다고 생각할 수도 있습니다.

예를 들어, '검은 바둑알 5개와 흰 바둑알 5개를 준비하여 각각 남자 아이와 여자 아이 머리 위에 놓으면, 남은 바둑알의 수가 보이지 않는 어린이의 수'라고 가르쳐 줄 수도 있습니다. 또 10을 5와 5로 생각하고, 5를 다시 1과 4, 2와 3 등으로 생각하면 되겠지요.

이처럼 10이라는 숫자를 여러 가지 방법으로 생각하는 놀이를 통해 아이들에게 수와 양의 감각을 길러 주는 것이 이 책의 목적입니다. 하지만 우선 각각의 장면이나 집 안의 상태 등에 흥미를 갖게 하는 것만으로도 충분합니다.

수를 생각하는 책이라고 해서, 어린이에게 억지로 뭔가를 가르치려고 하는 것은 바람직하지 않습니다. 자신의 힘으로 생각하고, 자신의 힘으로 책 속의 숫자 구조를 파악하게 하는 것이 가장 좋다고 생각합니다.

지은이 · 안노 미쓰마사

1926년 시마네 현 쓰와노에서 태어났다. 교사 생활을 한 뒤, 1968년 『신기한 그림』을 발표하면서 작품활동을 시작했다. 유연한 상상력으로 예술, 과학 영역을 자유롭게 넘나드는 미쓰마사의 작품은 어린이부터 어른에 이르기까지 폭넓은 사랑을 받고 있다. 작품으로 『어린이가 처음 만나는 수학 그림책』(전10권), 『ABC의 책』, 『あいうえお 책』, 『여행 그림책 1, 2, 3, 4』, 『세어 보자』, 『삼각형아, 안녕?』, 『들꽃과 난쟁이들』, 『요술쟁이의 모자』, 『내 친구 돌머리 계산기』, 『아름다운 수학과 집합』, 『공상 공방』, 『사냥꾼 일기』, 『안노 미쓰마사 대담과 로직의 시인들』, 『미의 기하학』(공저), 『산사어록(算私語錄)』, 『영국의 마을』, 『등잔과 물대포』, 『마법사의 ABC』, 『영일구의 영일이』, 『없다 없다 까꿍 그림책』외 다수가 있다. 1984년 안데르센 상을 수상했으며, 그의 작품은 세계 여러 나라 언어로 번역 돼 출판되었다.

옮긴이 · 박정선

어린이책 전문 기획실 햇살과나무꾼에서 기획 실장으로 일하고 있다. 지은 책으로는 『숲 속 마을의 대소동』, 『심심한 왕자』, 『왕눈이와 씽씽이의 모험』, 『얼렁뚱땅 아가씨 수학백과』 등이 있으며, 옮긴 책으로는 『창 너머』, 『책 · 어린이 · 어른』 등이 있다.

감수 · 김성기

서울대 수학과를 졸업하고 동대학원에서 박사학위를 받았다. 사단법인 대한 수학회 회장을 지냈으며 현재는 서울대 대학원 수리과학부 교수로 재직하고 있다.

수학 그림동화

즐거운 이사 놀이 안노 미쓰마사 글 · 그림 / 박정선 옮김 / 김성기 감수

1판 1쇄 펴냄—2001년 2월 12일, 1판 6쇄 펴냄—2001년 8월 27일/펴낸이 박상희/펴낸곳 (주)비룡소/출판등록 1994. 3. 17.(제16-849호)
편집 서영옥 · 박지은 · 신한샘 · 정은정 · 김유리 · 유수미/미술 정회숙 · 권영은 · 최세진 · 이수연/제작 박성래 · 조진호 · 임지헌/저작권 남유선 · 노아모
주소 135-120 서울 강남구 신사동 506 강남출판문화센터 5층/전화 영업(통신판매) 515-2000(내선1) 팩스 515-2007 편집 3443-4318~9/홈페이지 www.bir.co.kr

ISBN 89-491-0072-X 77410 / ISBN 89-491-0077-0 (전5권)